Gudrun Hettinger

Moosgummi durchs Jahr

Ideen für Frühling, Sommer, Herbst und Winter

frechverlag

VITA

Gudrun Hettinger, geboren 1943 in Stuttgart.
◆ Ausbildung als Steuerfachgehilfin.
◆ Seit 1982 Kursleiterin an der Volkshochschule, Haus der Begegnung, bei UHU-Fachhändlerseminaren (Modellieren).
Creativkurse in der Schweiz und Deutschland (Schmuck).
Profikurse für den Fachhandel in Österreich (Schmuck).
◆ 1981 erscheint ihr erstes Buch über Salzteig.
◆ Verkaufsausstellungen im Hause Breuninger, Stuttgart und Ludwigsburg, im Leo-Center, Leonberg usw., Teilnahme an diversen Kunsthandwerkermärkten.
◆ 1982 Interview beim Süddts. Rundfunk „Zeit für Freizeit".
◆ 1985 Ausstellungen mit Salzteig in der Volksbank Leonberg, der Barmer Ersatzkasse Stuttgart sowie im Graevenitz'schen Schloß in Heimsheim.
◆ 1985–86 erschienen weitere Modellierbücher über lufthärtende Modelliermasse.
◆ Im September 1988 Fernsehaufnahmen der ZDF-Redaktion Freizeit über Schmuckgestaltung.
◆ 1988/91 erscheinen diverse Schmuckbücher in verschiedenen Techniken.
◆ 1993 erscheint das erste Moosgummibuch.
◆ Im Juli 1992 präsentierte sie die Stadt Heimsheim im Enzkreispavillon auf der Landesgartenschau mit exklusivem Modeschmuck und modellierte zusammen mit Kindern.
◆ Im Oktober 1993 Aufnahmen verschiedener Schmucksendungen für ZDF 3-Sat „Domizil Tips und Trends"
◆ 1994 erscheint das Buch „Effektvolle Glaskugeln".
◆ Im April 1994 Round-table-Gespräch bei der Fachzeitschrift Hobbyart zum Thema Hobbybuch.
◆ Buchvorstellungen und Vorführungen auf verschiedenen Messen: Nürnberger Messe, Do it Yourself Messe Stuttgart, Creativtage Lichtenfels, Ornaris Schweiz, sowie in Fachhandelsgeschäften.
◆ Diverse Veröffentlichungen in verschiedenen Zeitungen, Zeitschriften und Fachzeitungen.
◆ Insgesamt erschienen bisher fast 40 Titel zu den unterschiedlichsten Themen.
◆ Einige Bücher wurden ins Holländische, Französische und Italienische übersetzt.
◆ März/April 1995 Vorstellung diverser Moosgummi-Modelle und Bücher im ZDF 3-Sat „Domizil Tips und Trends", Thema Ostern und Schulanfang.
◆ Mitarbeit bei Prospektgestaltunge Entwürfen und Modellen.
◆ Verpackungsgestaltungen für ve schiedene Hersteller sowie Entwür für die Kerzenproduktion.

Die Bücher, die für Gudrun Hetting in ihrer Laufbahn am wichtigsten w ren:

Salzteig (insgesamt 4 Bücher).
Schmuck:
„Schmuckboutique 1–5"
„Effektvoller Glasmalschmuck"
„Schmuckvariationen mit Keramikperlen"
„Aparter Emailschmuck"
Modellieren und Gestalten:
„Figuren modelliert und arrangiert"
„Fürs Kinderzimmer"
„Clowns, Clowns, Clowns"
„Effektvolle Kugeln"
Moosgummi:
„Farbenfrohes Kinderzimmer"
„Bunte Weihnachtszeit"
„Clownparade"
„Schulanfang"
„Kunterbuntes Frühjahr"
„Rendezvous der Osterhasen"
„Warten auf den Weihnachtsmann"
„Moosgummi-Schmuck"
„Kinderbunter Moosgummischmuck
„Originelle Zeitzeichen – Moosgummi-Uhren und -Pendeluhren"
„Kunterbunter Moosgummi-Zoo"
„Pfiffiges rund um den Schreibtisch – aus Moosgummi"

Alle Bücher sind im frechverlag e schienen.

Fotos: frechverlag GmbH + Co. Druck KG, 70499 Stuttgart; Fotostudio Ullrich & Co., Renningen

Materialangaben und Arbeitshinweise in diesem Buch wurden von der Autorin und den Mitarbeitern des Verlags sorgfältig g prüft. Eine Garantie wird jedoch nicht übernommen. Autorin und Verlag können für eventuell auftretende Fehler oder Schäde nicht haftbar gemacht werden. Das Werk und die darin gezeigten Modelle sind urheberrechtlich geschützt. Die Vervielfältigur und Verbreitung ist, außer für private, nicht kommerzielle Zwecke, untersagt und wird zivil- und strafrechtlich verfolgt. Dies g insbesondere für eine Verbreitung des Werkes durch Film, Funk und Fernsehen, Fotokopien oder Videoaufzeichnungen sow für eine gewerbliche Nutzung der gezeigten Modelle.

Auflage: 6. 5. 4. 3. 2. Letzte Zahlen
Jahr: 1999 98 97 96 95 maßgebend

© 1995

ISBN 3-7724-1902-X · Best.-Nr. 1902

frechverlag GmbH + Co. Druck KG, 70499 Stuttga
Druck: frechverlag GmbH + Co. Druck KG, 70499 Stuttgar

Vorwort

Wie schon die nebenstehende Vita aufzeigt, befasse ich mich mit sehr unterschiedlichen Techniken. Am Anfang stand jedoch eine Technik, die damals in Deutschland noch völlig unbekannt war: Modellieren mit Salzteig.
Figuren aus Salzteig lernte ich 1975 in der Schweiz kennen und war so begeistert, daß ich, nach Hause zurückgekehrt, sofort mit Experimentieren und Arbeiten begann. Eine Ausstellung meiner Salzteigarbeiten besuchte der Verleger des frechverlags, E. A. Krauss, und forderte mich auf, diese Technik in einem Buch zu publizieren, jedoch nicht ohne ganz natürliche Bedenken anzumelden: sollte man aus einem wertvollen Lebensmittel wie Mehl Zierrat herstellen? Dieser Einwand konnte entkräftet werden, und so erschien 1981 mein erstes Salzteigbuch. Ein Thema, das über den großartigen Erfolg zum Klassiker wurde.
Ich ließ mich nun immer wieder aufs Neue herausfordern. In meinen darauffolgenden Büchern blieb ich beim Thema Modellieren, nun aber mit unterschiedlichen Modelliermassen, die mir erweiterte Gestaltungsmöglichkeiten boten und mit denen ich mich ausführlich meinem Lieblingsthema „Clowns" widmen konnte.

Als weitere Themen kamen Kaltemailletechnik, Glasmaltechnik, modellierter Modeschmuck, Schmuck mit Keramikperlen, effektvoll gestaltete Glaskugeln und zuletzt Moosgummi hinzu.

Vorwort

Was aber neben der Materialvielfalt das Schaffen als Autorin für mich so faszinierend macht, ist die schöne Aufgabe, der sich Verlag und Autor widmen: das umfangreiche Angebot an Material und Techniken zusammenzuführen, zugänglich und verständlich zu machen und somit vielen Menschen die Begegnung mit einer schöpferischen und kreativen Tätigkeit zu ermöglichen.

Wichtig ist mir dabei der direkte Kontakt zum Endverbraucher, den ich durch Kurse und Vorführungen halte und der gewährleistet, daß ich den Wünschen und Vorstellungen von Lesern und Kunden nahe bin.

Auch nach nunmehr 15 Autorenjahren habe ich in meinem Kopf noch viele Ideen, die ich umsetzen und mit denen ich Freude machen möchte.

Ihre Gudrun Hettinger

ALLGEMEINE HINWEISE

Wissenswertes zum Material
MOOSGUMMI wird auch unter den Namen CREASOFT und CREPLA in vielen Farbtönen, Stärken und Größen unifarben und bedruckt angeboten. Das Material ist farbecht, lichtbeständig und wasserfest. Es besteht aus einem aus Ethylen-Vinyl-Acetat (EVA) hergestellten Kunststoffschaum und ist PVC- und chlorfrei. Es wurde unter anderem auch von der Zeitschrift Ökotest als gesundheitlich unbedenklich bezeichnet. Moosgummi entspricht der europäischen Spielzeugnorm EN 71 und ist daher auch mit dem CE-Zeichen versehen.

Moosgummi ist in den Stärken von 1 bis 4 mm in verschiedenen Größen und in 8 mm in der Größe von 22 x 32 cm erhältlich.

Größe der Platten, die zur Zeit angeboten werden:
20 x 30 cm (kleine Platte)
45 x 30 cm oder 40 x 30 cm (große Platte).
Neu ist die Größe 60 x 40 cm (3 mm stark).

Ideale Ergänzungen sind z.B. außer den vielen Stanzteilen auch die Walzen, Scheiben, Rädchen und Kugeln sowie die Hohlschnüre aus Moosgummi.

Arbeitsschritte

1. Herstellen einer Schablone
Pausen Sie mit einem Stück Transparentpapier die gewünschte Vorlage durch. Kleben Sie nun die Zeichnung auf einen dünnen Karton, und schneiden Sie die Konturen exakt aus. Die verschiedenen Linien der Vorlage helfen Ihnen beim Anordnen der unterschiedlichen Ebenen.

Tip
Wenn Sie sich die Zeichnung vom Vorlagenbogen fotokopieren, am besten gleich auf ein stärkeres Papier, dann sparen Sie sich die Zeit für das Durchpausen sowie das Aufkleben.
Bei mehrschichtigen Zeichnungen wäre es dann allerdings empfehlenswert, mehrere Kopien herzustellen.

2. Übertragung der Schablone auf Moosgummi
Legen Sie die Schablone auf das Moosgummi, und umfahren Sie sie mit einem weichen Bleistift. Wenn Sie einen Zauberstift (Phantom- oder Strich-Ex-Stift) verwenden, verschwinden die Konturen nach einigen Tagen von selbst, oder Sie beseitigen sie mit einem leicht angefeuchteten Lappen.

3. Ausschneiden
Benützen Sie eine gut schneidende, spitze, mittelgroße Schere. Linien und feine Ecken gelingen am besten mit einem Cutter oder Skalpell. Wichtig ist das rechtzeitige Austauschen von stumpfen Klingen bei Cutter, Skalpell oder Kreisschneider. Vergessen Sie die Schneideunterlage nicht (Cut-Unterlage oder fester Karton)!
Weitere wichtige Hilfen sind der Kreisschneider, die Lochzange und die Zackenschere.

4. Anordnen und Zusammenkleben
Ordnen Sie zunächst alle ausgeschnittenen Teile auf den vorgesehenen Stellen an.
Besonders gute Verklebungen erzielen Sie mit UHU-Kraft oder UHU-Por im Kontaktklebeverfahren, d.h. beide zu verklebenden Stellen werden sparsam mit Kleber bestrichen und nach ca. 5 Minuten fest zusammengedrückt. Die Klebstoffe können auch direkt aufgetragen werden. Sie sollten dann aber nach ein paar Minuten die Teile nochmals fest zusammendrücken.
Schnelle und stabile Verklebungen erhalten Sie mit Sekunden- oder Heißkleber. Machen Sie bei Sekundenkleber eine Klebeprobe, denn nicht alle garantieren für gute Haltbarkeit.
Sekunden- und Heißkleber dürfen jedoch auf keinen Fall in Kinderhände gelangen!

5. Farbliche Ergänzungen
Moosgummi läßt sich mit vielerlei Farben bemalen, z.B. mit wasserfesten Filzstiften, Decor-Lack-Liner, Stickfarbe COLORPOINT und sonstigen Hobbyfarben.
Plusterfarben (Pluster-Pen) sind eine ideale Ergänzung. Zu plusternde Flächen sind in den Vorlagen mit Wellenlinien markiert.
Beachten Sie jedoch unbedingt, daß das Moosgummi vor dem Farbauftrag zuerst mit Malmedium (Efco-Produkt) oder mit Klarlack grundiert werden muß, da sich sonst der Plusterauftrag lösen könnte. Abgelöste Stellen können festgeklebt werden. Plusterfarben dürfen nicht zu dick aufgetragen werden. Wenn Sie einen besonders starken Plustereffekt erzielen möchten, so ist es sinnvoll, den Auftrag nach dem Abtrocknen der ersten Schicht nochmals zu wiederholen.
„Geplustert" wird nach dem völligen Abtrocknen (am besten über Nacht) mit einem heißen Fön.

Wichtige Hinweise
– Wenn kein besonderer Vermerk zur **Größe der Platten** gemacht wurde, habe ich grundsätzlich kleine (20 x 30 cm) verwendet.
– **Fertige Stanzteile** sind zusätzlich fast alle auf dem Vorlagenbogen abgebildet und können auch selbst hergestellt werden.
Sämtliche Blumenmotive (auch Stanzteile) finden Sie gesammelt auf dem Vorlagenbogen, so können Sie nach Belieben Ihre Blumen auswählen.
– Die **Konturen** der ausgeschnittenen Teile habe ich fast immer mit einem schwarzen oder farbigen wasserfesten Filzstift umrandet. Die Formen heben sich so effektvoller voneinander ab.
– Verwenden Sie nur wasserfeste **Filzstifte**, diese verwischen nicht so leicht.
– Meistens habe ich bei den **Materialangaben** darauf verzichtet, Klebstoff, Filz- oder andere Stifte extra aufzuführen, da diese Materialien grundsätzlich erforderlich sind.
– Die meisten Modelle lassen sich auch **in Tonkarton** arbeiten oder können zu Fensterbildern abgewandelt werden. Bei der Verarbeitung von Tonkarton müssen Vorlagen, bei denen kantige Verklebungen vorgesehen sind, durch eine geringe „Nahtzugabe" vergrößert werden. So kann der dünne Tonkarton besser verklebt werden.
Wenn Fensterbilder später von beiden Seiten sichtbar aufgehängt werden, müssen die Figuren doppelt, und zwar gegengleich, gearbeitet werden.

Allgemeines

Komm, lieber Mai

Komm, lieber Mai,
und mache die Bäume wieder grün,
und laß mir an dem Bache
die kleinen Veilchen blühn!
Wie möcht ich doch so gerne
ein Veilchen wiedersehn,
ach, lieber Mai,
wie gerne einmal spazieren gehn.

Zwar Wintertage haben
wohl auch der Freuden viel,
man kann im Schnee eins traben
und treibt manch Abendspiel,
baut Häuserchen von Karten,
spielt Blindekuh und Pfand;
auch gibt's wohl Schlittenfahrten
aufs liebe freie Land.

Ach wenn's doch erst gelinder
und grüner draußen wär.
Komm, lieber Mai, wir Kinder,
wir bitten dich gar sehr!
O komm und bring vor allem
uns viele Veilchen mit,
bring auch viel Nachtigallen
und schöne Kuckucks mit.

Christian A. Overbeck

MATERIALIEN UND WERKZEUGE

Mit bunten Maske[n] wird der Winter ve[r]trieben – Jubel Trube[l] Heiterkeit!

Katzenmaske
Material:
Moosgummi 2 mm: Schwarz[,] Pink, Weiß und Rot (Rest)
Glimmer-Liner
Borsten für den Bart

Auf die schwarze Grundform wird das pinkfarbene Augen[-]teil, darauf doppelt das weiß[e] Schnauzenteil (4 mm) geklebt[.] Nun folgen Zunge, Barthaar[e] und Innenohren. Lochungen fü[r] die Befestigung des Gummi[s] stanzen, jedoch vorher zur Sta[-]bilisierung hinterlegen.
Die Maske mit Glimmer-Line[r] verschönern.

Vogelmaske
Material:
Moosgummi 2 mm:
Grün, Orange, sowie verschiedene Farben für Moosgummi-Federn
Bunte, echte Federn

Die grüne Grundform wird m[it] der Zackenschere ausgeschnit[-]ten und zuerst mit den Auge[n-]ringen und den gewölbt au[f-]geklebten Augenlidern verziert[.] Danach werden die verschie[-]denen Moosgummi-Federn und dann die bunten, echten Fe[-]dern angeordnet. Löcher für di[e] Befestigung des Gummis stan[-]zen (vorher unterlegen).
Zum Schluß folgt die Nase, di[e] am Falz leicht eingeritzt wird[.] Das Nasenunterteil wird dan[n] kantig angepaßt.

Grundmaterialien
- Moosgummi in verschiedenen Farben, Stärken und Größen
- Moosgummi-Stanzteile (Buchstaben, Blumen, Tiere usw.)
- Wackelaugen in verschiedenen Größen

Zusätzlich für dreidimensionale Figuren:
- Hohlschnüre, Draht
- Moosgummi-Kugeln
- Moosgummi-Röllchen
- Rädchen und Walzen

Werkzeuge
- Schere
- Cutter oder Skalpell
- Lochzange
- Kreisschneider
- Schneideunterlage
- Metall-Lineal
- Bleistift, Zauberstift (z.B. Phantom- oder Strich-Ex-Stift)

Sonstige Hilfsmittel
- Klebstoffe: UHU-Kraft, Sekunden- oder Heißkleber
- Transparentpapier
- Dünner Karton (Tonkarton)
- Wasserfeste Filzstifte
- Decor-Lack-Liner oder Stickfarbe COLORPOINT
- Pluster-Pen (+ Malmedium [Efco] oder Klarlack)

Frühling

FASCHINGSMASKEN

Frühling

9

FENSTERBILD FRÜHLING

Die ersten warmen Sonnenstrahlen, alles fängt zu blühen an, und auch die Küken scheinen sich wohl zu fühlen.

*Material:
Moosgummi 2 mm: Hell- und Dunkelgrün, Gelb, Braun
Reste: Weiß, Lila, Orange
Wackelaugen: 8 mm Ø
Farben: COLORPOINT
Größe: 20 cm*

Auf der ausgeschnittenen Grundform wird zuerst die Grasplatte mit den Küken und den Blümchen plaziert. Die Schnäbelchen der Küken werden kantig angesetzt. Nun finden die Osterglocken ihren Platz. Das Blüteninnere wird als gezackter Streifen ausgeschnitten und kantig auf der Blüte befestigt. Die Blätter werden etwas gebogen plastisch angeordnet.
Die Weidenkätzchen werden auf die Zweige geklebt und mit COLORPOINT farblich ergänzt.

Gänsepärchen

Ein herziges, verliebtes Gänsepärchen, mal als Fenster- oder Wandbild, mal als dekorative Schachtel.

*Material:
Moosgummi
3 mm: Rot (Herz)
2 mm: Weiß – Reste: Orange, Grün
1 mm: Grün (Hut), Grün und Rot (Schachtel)
Stanzteile:
Blumen und Blätter, Herzchen
Wackelaugen: 8 mm Ø
Größe Herz: 21 cm
Holzschachtel:
17 x 20 x 8 cm*

Auf dem ausgeschnittenen Herz zuerst die Grasplatte, dann die Blümchen mit Stanzpunkten (Lochzange) und zuletzt das Gänsepärchen anordnen.

Und so entstehen die Gänse: Befestigen Sie auf dem Gänsekörper mit Kopf die Flügel, das Schleifchen und die Wackelaugen. Der Schnabel wird kantig angefügt. Der Hut der Gänsedame wird zur Hälfte hinter dem Kopf angeordnet, an der gekennzeichneten Stelle zusammengeklebt und vorne etwas umgeschlagen fixiert. Die Füße werden dahinter angebracht, und schon dürfen sich die beiden etwas näher kommen.

Gänseschachtel

Die Schachtel wird gänzlich mit Moosgummi beklebt. Sämtliche Einzelteile für die Schachtel zuschneiden. Der Deckel erhält einen roten Rand. Gänsepärchen mit Blümchen und Stanzpunkten anordnen.

GÄNSEPÄRCHEN

Frühling

BÄRENPENDELUHR

Kommt ein Vogel geflogen…

Material:
Moosgummi
3–4 mm: Hell- und Dunkelgrün, Braun (große Platten)
2 mm: Rot, Braun, Gelb
Reste: Blau, Rosa, Bunt, Weiß, Schwarz
Stanzteile: Blumen, Ziffern
Wackelaugen: 10 mm Ø
Alu- oder Blechplatte
(zur Bodenverstärkung)
Pendel-Uhrwerk: 9 mm
Zeigerset: 3teilig
(40/64/79 mm)
Hohlschnur: 5 mm Ø
Schaschlikspieß
Faden, 2 Nietstifte
Vierkantholz
für Baumstamm-Stabilisierung
(38 cm; ca. 1 x 2 cm breit)
Größe: 52 cm

Auf die Grundplatte werden kantig die Grasstreifen geklebt. Verstärken Sie die Platte mit einer Alu- oder Blechplatte, so erhält die gesamte Uhr einen wesentlich besseren Stand.
Bereiten Sie zuerst sämtliche Einzelteile vor:
Bären: Auf Hemdchen und Hose bzw. Kleidchen werden die vorderen Arme, der Kopf mit Wackelauge, Schnäuzchen, Ohrenteile und Schleifchen geklebt. Die winkenden hinteren Arme werden mit einem Nietstift (ca. 1 cm) am Körper befestigt. Mit einem kleinen Moosgummipunkt wird der Abschluß hinten stabilisiert. Die Arme müssen soviel Spielraum haben, daß sie sich locker bewegen können.

Der *Baumstamm* mit dem angeschnittenen Stabilisierungsteil für das Uhrwerk entsteht aus einem Stück. Oben ist ein Ausschnitt für die Batterie vorgesehen. Auf der Baumkrone das Zifferblatt und viele bunte Blüten anordnen.

Das *Vögelchen* bekommt einen Brief in den Schnabel. Ein Flügel wird auf dem Körper, der andere dahinter angeordnet. Zur späteren Befestigung am Pendel wird ein Moosgummi-Streifen (8 x 0,5 cm) hinter das Vögelchen geklebt.

Montage:
– Zuerst wird das Uhrwerk hinter der Baumkrone mit Zifferblatt befestigt (Montage Uhrwerk siehe Seite 58). Kleben Sie dicht ans Uhrwerk zwei Streifen (3 x 12 cm) als Seitenstützteile.
– Hinter den Baumstamm wird zur Stabilisierung das Vierkantholz geklebt.
– Nun wird die Baumkrone mit dem vorbereiteten Baumstamm verbunden. Berücksichtigen Sie den Ausschnitt für die Batterie!
– Am unteren Ende des Baumstammes wird noch eine Stütze (s. Zeichnung auf dem Vorlagenbogen) gegengeklebt.
– Die Bären plazieren und auf der Rückseite eventuell noch Stützstreifen gegenkleben.
– Der Querstab ist eine 19 cm lange Hohlschnur. Hier wird ein Schaschlikspieß zusammen mit einem Faden durchgezogen, der seitlich ca. 30 cm herunterhängt. Der Stab wird nun genau in der Mitte des oberen Pendelteils zuerst provisorisch fixiert. Batterie einlegen und alles gleichmäßig auspendeln. Wenn nun alles stimmt, wird die Batterie zur Weiterverarbeitung wieder herausgenommen. Der Querstab wird nun endgültig festgeklebt.
– Fäden an den Armen befestigen.
– Zeiger aufstecken.
– Das Täubchen am Pendel des Uhrwerks befestigen.

Nun fehlen nur noch die Blümchen, die senkrecht auf die Grundplatte geklebt werden. Batterie einsetzen, und jetzt kann das Brieftäubchen seine Reise antreten.

Wichtige Hinweise für eine gut pendelnde Uhr:
– Die pendelnden Teile dürfen nicht zu schwer sein.
– Die beweglichen Teile, z.B. Arme, müssen locker mit einem Faden oder an einem dünnen Stift angebracht sein und dürfen beim Pendeln kein Hindernis streifen.
– Der Faden muß beim Pendeln möglichst exakt senkrecht gerade gezogen werden.
– Die fertige Uhr muß ganz gerade ausgerichtet sein, d.h. auf glattem Untergrund stehen.
– Der Stab, an dem die Uhr befestigt ist, darf sich nicht nach vorne oder hinten neigen.
So dürfte eigentlich nichts schief gehen.

BÄRENPENDELUHR

Frühling

Osterhasenmobile

Frühling

Der Osterhase schwebt auf der Karotte durch die lauen Frühlingslüfte und beobachtet von oben, was sich da unten so alles tut.

Material:
Moosgummi
3 mm: Orange
2 mm: Braun, Weiß, Grün, Lila, Gelb, Bunt – Reste: Rosa, Orange, Rot, Schwarz
Bunter Faden
Wackelaugen 3/8/10 mm Ø
Farben: COLORPOINT
(Schmetterling)
Länge der Karotte: 38 cm

Karotte: Für die Karotte wird das Kraut doppelt oder dreifach zugeschnitten und kantig festgeklebt.
Dann nimmt das **Osterhäschen** seinen Platz ein.
Bis auf den Kopf werden sämtliche Teile zweimal zugeschnitten, denn eine Körperseite wird hinter die Karotte geklebt. Am Rücken werden beide Teile miteinander verbunden. Das Hemdchen wird auf den Körper geklebt, darauf ein Arm und der Kopf, der andere Arm wird hinter dem Kopf am Hemdchen auf der Rückseite befestigt.
Ohren- und Augenteile mit Wackelaugen, Schnäuzchen und untergeklebtem Mundteil befestigen.

Und nun folgen die einzelnen Mobileteile:

Küken: Auf dem Körper wird der Flügel knapp festgeklebt. Das Schnäbelchen wird kantig befestigt. Das Wackelauge nicht vergessen.

Schmetterling: Die Grundform ausschneiden und feine Moosgummi-Streifen für die Fühler befestigen. Die Verzierungen werden mit COLORPOINT vorgenommen.

Kleines Osterhäschen:
Der Körper mit Armen und Beinen entsteht aus einem Schnitt. Der Kopf, das Hemdchen und Schleife werden aufgesetzt. Auf dem Kopf werden Ohren- und Schnauzenteil, dahinter das rote Mundteil sowie die Wackelaugen angebracht.

Die Ostereier werden aus einer ganzen und zwei halbierten Eierformen gestaltet. Die beiden halbierten Teile werden kantig an die Eiform geklebt.

Henne: Das Kopfteil muß zweimal zugeschnitten und im oberen Bereich knapp zusammengeklebt werden. Dann wird es auf dem Körper befestigt. Schnabel und Füße müssen kantig aufgeklebt werden.

Augenteil mit Wackelauge und Flügel anordnen.

Vögelchen: Am Körper werden die beiden Flügel kantig festgeklebt. Wackelaugen und Schnäbelchen befestigen.

Tip: Wenn Sie bei Küken, Gans und Henne die Flügel knapp ankleben und dann mit einem kleinen Moosgummi-Punkt unterlegen, stehen diese plastisch ein wenig ab.

Montage.
Verbinden Sie nun alle Motive mit Fäden. Diese werden knapp an der Kante angeklebt oder an den Motiven fixiert.
Balancieren Sie nun die einzelnen Stränge so aus, daß sich jede Figur bewegen kann, ohne eine andere zu streifen. Mit Hilfe einer Nadel werden die Fäden in den mit der Lochzange vorgestanzten Löchern in der Karotte befestigt.

Osterhasenmobile

Frühling

OSTERKÖRBCHEN

Eine fröhliche Osterzeit – die Häschen tanzen vor lauter Übermut.

Material:
Moosgummi
3 mm:
Grün, Gelb
2 mm:
Grün, Braun, Rot, Weiß
Stanzteile: Herzen
Wackelaugen: 8 mm Ø
Farben: Pluster-Pen
(+ Malmedium),
COLORPOINT

Schneiden Sie zuerst die beiden **Grundplatten** zu, und kleben Sie sie aufeinander. Dann wird ein Rechteck (Größe 6 x 4 cm) rund, Kante an Kante, für das Körbchen zusammengeklebt und auf der Grundplatte angeordnet. Ein grüner Grasstreifen ziert den unteren Abschluß.

Jetzt kommen die **Häschen**: Bei der **Hasendame** werden hinter dem Kleidchen die Beine und ein Arm befestigt. Darauf sitzen der andere Arm, der Kragen und der Kopf.

Beim **Osterhasenjungen** werden die Beine hinter die Hose geklebt, das Hemdchen darauf, die Arme dahinter. Zuletzt den Kopf mit Wackelaugen fixieren.

Abschließend werden die farblichen Ergänzungen mit Plusterfarben, COLORPOINT und Filzstiften vorgenommen.
Jetzt fehlt nur noch der Inhalt des Körbchens!

Kunterbunte Grußkarten

Die Mobilemotive von Seite 15 können auch noch beliebig abgewandelt werden, zum Beispiel wie hier für Grußkarten, für Tischdekorationen, Geschenkverpackungen, Wand- und Fensterbilder usw.
Ob mit fertigen Passepartoutkarten oder mit selbst zugeschnittenen Karten aus Tonkarton oder Wellpappe gestaltet, es wird immer eine besondere Karte sein.

Die Ausschnitte von im Handel erhältlichen Passepartoutkarten habe ich mit farblich abgestimmtem Tonkarton hinterlegt.

Die Karten aus Wellpappe ha be ich in der Größe 20 x 15 cm (ungefaltet) zugeschnitten.

Tip: Wellpappe läßt sich gu mit einem Bastelmesser (Cutter schneiden. Wenn Sie die Falz stelle leicht anritzen, läßt sic die Karte besser falten.
Abschließend lassen sich noc Ergänzungen mit Blümche vornehmen.
Bei der Karte mit den beide Vögelchen werden die Flüge flach festgeklebt.
Der Schmetterling entsteht au gemustertem Moosgummi, s kann man sich aufwendig Malarbeiten sparen.

KUNTERBUNTE GRUßKARTEN

Frühling

Hahn und Henne

Eine reizende Raumdekoration in der Frühjahrszeit.

Henne

*Material:
Moosgummi
3 mm: Grün, Gelb
2mm: Weiß – Reste: Gelb,
Rot, Orange, Lila
1 mm: Hell- und Dunkelgrün
(Grasplatten)
Wackelaugen: 10 mm Ø
Deko- und Satinband*

Hahn

*Material:
Moosgummi 3 mm:
Grün, Gelb
2 mm: Braun, Rot, Gelb,
Hell- und Dunkelgrün
Reste: Orange, Weiß
Wackelaugen: 10 mm Ø
Deko- und Satinband
Größe beider Modelle:
20 cm.*

Das Osterei entsteht aus einer ganzen und zwei halben Eiformen, die kantig aufgeklebt werden. Auf dem Boden werden zwei verschieden große Grasteile in Hell- und Dunkelgrün befestigt. Am oberen Ende ziert eine Schleife das Ei. Diese wird zusammen mit einem Band für die Aufhängung mit Heißkleber fixiert.

Nun werden Hahn und Henne gestaltet, und zwar beidseitig, da sie ja von allen Seiten her sichtbar sind.

Henne:
Das Kopfteil muß zweimal zugeschnitten und dann am Rand so zusammengeklebt werden, daß in der mittleren Öffnung der Körper befestigt werden kann. Schnabel kantig anpassen und je ein Flügel- und Augenteil mit Wackelauge aufkleben.

Hahn:
Beim Hahn wird ebenfalls das doppelte Kopfteil auf den Körper geklebt. Schnabel mit Lappen kantig ankleben sowie beidseitig die Augenteile, di Wackelaugen und die Flüge befestigen. Vier große und vie kleine Schwanzfedern in ve schiedenen Farben zuschne den.

Die eingeschnittenen Schwanz teile plazieren und die Spitze teilweise umgebogen festkle ben.

Abschließend noch mit einer Blümchen dekorieren.

SCHRITT FÜR SCHRITT

Und so entstehen verschiedene Blumen und Blüten:

Tulpen
1. Sämtliche Einzelteile zuschneiden: für eine Tulpe jeweils zwei Tulpenblüten und zwei Blätter mit Einsteckschlitzen.
2. Nun wird die Tulpenblüte zusammengesteckt, ebenso die Blätter.
3. Beide Teile ineinanderkleben.

Schlingenblumen
1. Ein Streifen (1 mm dick), Größe 3,5 x 7 cm, wird zur Hälfte zusammengelegt und am unteren Rand knapp zusammengeklebt.
2. Nun nehmen Sie enge Einschnitte vor.
3. Rollen Sie den Streifen dicht auf. Die untere Kante wird mit etwas Klebstoff versehen.
Die fertige Blüte wird auf eine Blattrosette geklebt und dann etwas auseinandergedrückt.
Wenn Sie die Schlingen der Blüte aufschneiden, erhalten Sie eine weitere Variante.

Sonstige Blüten
1. Schneiden Sie den Blütenkranz zweimal zu, entweder in gleichen oder in unterschiedlichen Größen.
2. Das Blüteninnere (siehe Schlingenblume) wird kantig senkrecht auf das innere Blütenteil geklebt. Die Blüten werden einzeln am inneren Rand am Schlingenteil (bzw. einer halbierten Moosgummi-Kugel) leicht hochgestellt angeklebt.
3. Der zweite Blütenkranz wird darunter angebracht.
Auch hier können einzelne oder alle Blüten am oberen Teil plastisch angeklebt werden.

Frühling

MUTTERTAGSGRÜßE

Blumen und Herzen, die lange erhalten bleiben – ein selbstgestalteter Gruß.

Grundsätzlich benötigen Sie Blumen-Steckdraht 1,2 mm, Steckmasse und Gefäße, z.B. die abgebildeten Blechartikel:
Eimer: 7 cm hoch
Gießkanne: 8,5 cm hoch
Wanne: 3 x 9,5 cm

Blumengießkanne
Material:
Moosgummi 2 mm: Lila, Gelb, Weiß, Grün
Steckdraht 1,2 mm

Gestaltung der Blumen: siehe Seite 19.

Auf der Rückseite wird der Draht und darauf eine Blattrosette befestigt. Gießkanne mit Steckmasse füllen, eine passende gezackte Abschlußrosette zuschneiden und darauf Blumen mit Blättern anordnen.

Tulpenschale
Material:
Moosgummi 2 mm: Grün, Rot

Je nach Größe der Schale ca. 6 Tulpen gestalten (siehe Seite 19), andrahten und in einer mit Steckmasse gefüllten Wanne anordnen.

Ein Kübel voller Herzen
Material:
Moosgummi 2 mm:
Grün (Rosette)
Stanzteile:
Herzen, Schleifen, Punkte

Die Herzen werden beidseitig gearbeitet. Kleben Sie verschieden große Herzen aufeinander und den Steckdraht dazwischen. Als Abschluß wird noch ein Schleifchen fixiert.
Auf den Kübel mit gefüllter Steckmasse wird eine Abschlußrosette gelegt und dann beliebig mit Herzen dekoriert.

Herzliches zum Muttertag

Von ganzem Herzen für Dich!

Blumenherz
Material:
Moosgummi
3 mm: Rot (Herz)
2 mm: Gelb, Lila – Reste: Braun, Rosa, Grün (Schmetterling)
1 mm:
Diverse Reste für Blumen
Größe: 20 x 23 cm

Herzdose
Material:
2 mm:
Schmetterling, siehe oben
1 mm: Rot, Gelb, Grün, Lila
Größe: 15 x 15 cm
Blumenherz

Herzform
Herzform ausschneiden und Blumen arrangieren (siehe Seite 19). Und nun nimmt ein Schmetterling Platz:
gelbe Grundform zuschneiden, darauf den braunen Körper kleben, dann die lilafarbenen Flügelpaare mit Verzierungen schmücken. Die Fühler entstehen aus zwei dünnen Drähtchen mit aufgeklebten Punkten.

Herzdose
Einzelne Teile aus Moosgummi für die Dose zuschneiden und aufkleben. Weitere Herzen anbringen und mit einem Schmetterling verzieren. Und schon kann das Geschenk versteckt werden!

Herzliches zum Muttertag

Frühling

Die Amsel singt

Die Amsel singt, die Drossel schlägt,
der Kuckuksruf erschallt,
von Bienen ist die Luft bewegt,
die Sonne lacht, der Windhauch trägt
den herben Duft vom Wald.
Kommt, laßt uns alle fröhlich sein,
denn herrlich ist die Welt,
mit Blumenduft und Sonnenschein,
mit Tier und Wald und Feld.

Es fließt der Bach, der Kiesel rollt,
und die Forelle springt,
das Kätzchen in den Bäumen tollt,
der Teich ist wie geschmolznes Gold
und tausendfach beringt.
Kommt, laßt uns wandern durch das Land,
das liebend uns umfängt,
und faßt das Glück mit fester Hand,
das uns so reich beschenkt.

Was uns umgibt, der grüne Hain,
die Berge, Flüsse, Seen,
die Äcker und der Wiesenrain
gehören uns, sind mein und dein –
wenn wir zusammenstehn.
Kommt, die ihr unsre Heimat liebt
und ihre Schönheit ehrt,
ergreift, was euch das Leben gibt,
kommt, zeigt euch seiner wert.

Max Zimmering

FENSTERBILD SOMMER

Nichtstun, richtig Faulenzen und die Sonne genießen – wer möchte das nicht?

Material:
Moosgummi
2 mm:
Gelb, Grün, Braun, Blau,
Gemustert, Gestreift, Weiß
1 mm:
Grün, Gelb
Größe: 19 cm

Hinter der ausgeschnittene[n] Grundform wird das Meer an[ge]ordnet. Darauf wird das **Segelboot** plaziert. Auf de[m] Boot und am Mast werden di[e] Segel befestigt. Die Leinen ent[-]stehen aus feinen Moosgummi[-]Streifen.

Die **Palme** besteht aus eine[m] Stamm und einer daraufgekleb[-]ten Krone. Für das schlafende oder träumende **Krokodi[l]** werden Körper und Schwan[z] in einem Teil zugeschnitten[.] Darauf kleben Sie den Kopf[,] die Badehose und dann da[s] Bein und den Arm. Das zweit[e] Bein wird dahinter geklebt[.] Nun fehlt nur noch der **Sonnenschirm**, und der Urlaub kann beginnen.

SOMMERZEIT – URLAUBSZEIT

Tennisspieler

Die Saison wird eröffnet: Matchball!

Dieses Fenster- oder Wandbild erfreut sicherlich alle Tennisspieler.

Material:
Moosgummi
3 mm: Gelb (große Platte)
2 mm: Braun, Blau, Weiß, Gelb, Rot, Beige
Stanzteile: Herzchen
Wackelaugen: 8 mm Ø
Größe: 29 cm Ø

Auf dem Ring werden die beiden tennisspielenden Bärchen angeordnet.

Bär: Auf dem Bärenkörper das Hemdchen, darauf den Arm mit aufgeklebtem Ärmel, ein Bein und den Kopf anordnen. Hinter dem Körper finden der andere Arm und das zweite Bein ihren Platz. Tennisschläger, Ball und Schnauzenteil, Wackelaugen und Ohren sowie Hemdknöpfchen ergänzen.

Beim **Bärenmädchen** werden die Arme und Beine auf bzw. hinter das Kleidchen geklebt. Abschließend wird die Bärendame noch mit Herzchen und Schleifchen geschmückt. So, und nun beginnt das Spiel: Spiel – Satz und Sieg!

Sommer

25

FLUGDRACHEN

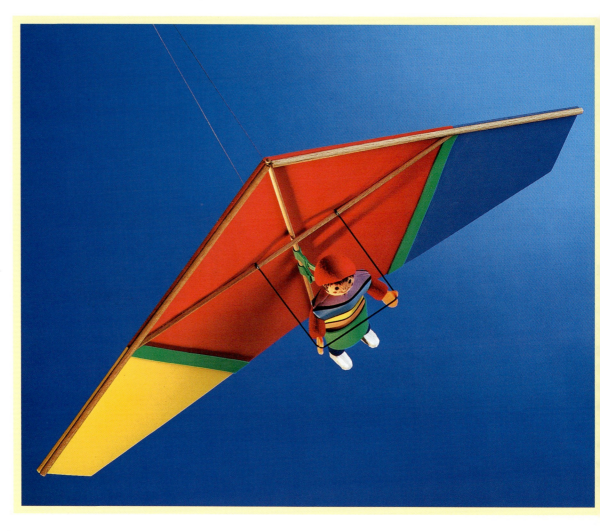

Ein erhebendes Gefühl, frei über alles hinwegzuschweben!

Material:
Moosgummi
2 mm: Rot, Blau
1 mm. Grün
Holz-Rundstäbchen: 4 mm Ø
Steckdraht: 1,2 mm

Der Drachen wird aus drei Teilen kantig zusammengeklebt. Als Verstärkung können Sie jeweils einen 1 cm breiten Streifen auf den Nahtstellen anbringen. Die Holzstäbchen werden laut Zeichnung befestigt. Vorher muß jedoch an dem Querstab die Halterung mit Ösen (gebogener Steckdraht) angebracht werden.

Nun fehlt nur noch der **Haltegurt**. Das Rechteck wird, wie gekennzeichnet, mit den Laschen dazwischen zusammengeklebt. Die Laschen-Enden werden um die Verstrebung (Holzstäbchen) geklebt.
Nun darf sich der Drachenflieger bequem in seinen Haltegurt legen, und dann kann es losgehen.

SCHRITT FÜR SCHRITT

Drachenflieger (linke Figur)

Material:
Moosgummi
2 mm: Gestreift, Hautfarben
8 mm: Schuhe
Moosgummi-Kugel:
20 mm Ø, Hautfarben
25 mm Ø, Rot
Moosgummi-Röllchen
Hohlschnur: 5 mm Ø
Draht: 1–1,5 mm

1. Schneiden Sie zuerst die Hohlschnüre in den Längen von 5 cm (Arme), 3 cm (Körper) und 9 cm (Beine) sowie etwas längere Drähte zu. Für das Körperteil muß eine Schlaufe mitgerechnet werden. Nun werden die Drahtteile durch die Hohlschnüre gezogen. Die Beine in Form biegen, den Draht im Körperteil mit einer Zange zur Schlaufe formen.

2. Körper und **Beine** mit der Schlaufe verbinden und mit etwas Klebstoff fixieren. Die **Arme** werden hinter dem Körper festgeklebt.

Passend gekürzte Moosgummi-Röllchen werden über die Arme und Beine gestülpt und mit etwas Klebstoff fixiert. Legen Sie die Figur auf einen Schnitt des Oberteils, und kleben Sie dann das zweite Schnitteil darauf fest. Die Schulternähte werden kantig aneinandergeklebt. Der **Kopf** findet auf dem überstehenden Draht Halt (festkleben).

3. Der **Helm** entsteht aus einer halbierten Moosgummi-Kugel, die noch etwas ausgehöhlt wird. Gesichtchen und Haare werden aufgemalt.

Überstehende Drähte an den Armen abschneiden und die **Hände** befestigen.

Die **Schuhe** werden aus einer 8 mm starken Moosgummi-Platte mit einem Skalpell herausgeschnitten. Schrägen Sie die oberen Kanten leicht ab. Mit einem Schmirgelpapier (Körnung ca. 280) können die Ränder glattgeschmirgelt und in Form gebracht werden. Der überstehende Draht der Beinteile dient zur stabileren Befestigung der Schuhe.

Angler (rechte Figur): Beschreibung Seite 28

Sommer

SCHLEPPSCHIFF UND BOOT

Ein schönes Spielzeug für den Urlaub, aber auch die Badewanne reicht aus. Boot und Schiff können richtig schwimmen.

Schleppschiff
Material:
Moosgummi 2 mm:
Rot (große Platte), Schwarz, Weiß, Gelb, Hellblau (Rest)

Und so wird es gebaut:
1. Das große **Bodenteil** (1) wird zweimal zugeschnitten, davon einmal mit einer Aussparung für den Frachtraum.

2. Der **Frachtraum** wird aus dem Bodenteil (2), zwei Seitenteilen (3) sowie drei Querteilen (4) zusammengeklebt. Die mittlere Trennwand erhält eine Verstärkungsleiste (5).

3. Jetzt wird die ausgesparte Bodenplatte (1) so angepaßt, daß der Kasten ca. 1,5 cm über die Deckplatte herausragt. Die Bugplatte kann leicht schräg nach vorne angehoben geklebt werden.

4. Nun werden die beiden Bordwände vom Bug her nach hinten seitlich festgeklebt. Bug und Heck stoßen kantig aufeinander.

5. Als nächstes entsteht die **Kapitänskajüte**. Die Teile 7 bis 10 einschließlich Dach werden zusammengefügt und auf dem Deck befestigt.

6. Darauf wird das **Steuerhaus** gebaut. Es entsteht aus den Teilen 11 bis 13.

7. Am Bug befindet sich die **Matrosenunterkunft**. Fügen Sie hierfür die Teile 14 bis 18 zusammen.
Jetzt kann das Schiff mit der Fracht (auf der Abbildung sind es bunte Moosgummi-Kugeln) beladen werden, und los geht die Fahrt.

Boot mit Angler
Material:
Moosgummi
2 mm: Braun, Schwarz, Grün, Orange
Moosgummi-Walzenteile:
20 mm Ø (Hut),
15 mm Ø bunt (Körper)
Moosgummi-Röllchen:
Gelb (Hose)
Moosgummi-Kugel:
20 mm Ø, Hautfarben

Boot:
Die Seitenwände werden kantig an der Bodenplatte festgeklebt, und zwar beginnend beim Bug zum Heck. Passen Sie dann die Heckplatte ein, ebenso die Sitzbank, die auf zwei Seitenteilen befestigt wird.

Angler:
(siehe Seite 27)
Der Angler entsteht ähnlich wie der Drachenflieger. Für den Körper werden bunte Moosgummi-Walzen zwischengeklebt. Darauf folgt eine Scheibe (3 mm Ø) als Kragen, dann der Kopf. Darauf werden Plüschhaare geklebt. Die Haare können natürlich auch wie beim Drachenflieger aufgemalt werden. Der **Hut** entsteht aus einer 4 cm großen Scheibe und zwei Walzenteilen (20 mm Ø). Wenn Sie die Rundung vom Kopf etwas abschneiden, sitzt der Hut besser.

Als **Angel** dient ein Holzstäbchen. Hier wurde ein kleines rundes Teil und eine kleine Kurbel aus Moosgummi befestigt. Jetzt kann der Angler sich in sein Boot setzen – vielleicht beißt auch ein Fisch an?
Fisch: siehe Beschreibung Seite 48.

Schleppschiff und Boot

Sommer

SONNENSCHILDER UND MÜTZEN

Sonnenschilder und Mützen mit Fertigelementen verziert.

Schutz vor zuviel Sonne bieten diese witzigen Basketballmützen oder das Sonnenschild. Die Gestaltung ist denkbar einfach: Die fertigen Mützen und der Schild werden mit aufgeklebten Fertigelementen verziert. Und schon wirkt alles viel pfiffiger und fröhlicher!

*Material:
Stanzteile: Herzen, Blumen, Sterne, Tiere*

SELBSTGEBASTELTE SONNENSCHILDER

Der Aufwand ist hier etwas größer, aber das Resultat läßt sich sehen.

Material:
Moosgummi
3 mm: für Schild und Band
2 mm: Verzierungen

Fertigen Sie das Schildteil laut Vorlagenbogen an. Das Band (55 x 3 cm) wird am Schild mit Nieten befestigt. Die Enden des Bandes sind abgerundet. Kennzeichnen Sie vorher die Nietstellen auf Schild und Band. Genaue Montageanleitung liegt der Packung mit den Nieten bei.

„Der Löwe ist los"
Material:
Moosgummi 2 mm: Gelb, Braun, Weiß, Rosa, Schwarz
Wackelaugen: 12 mm Ø

Auf die braune Löwenmähne wird das gelbe Gesichtsteil mit Öhrchen, Schnauz- und Augenteilen sowie die Wackelaugen geklebt. Knapp hinter der Mähne werden die Pfoten befestigt.

Auch ein Krokodil hat mal Urlaub
Material:
Moosgummi 2 mm: Grün, Gelb, Gemustert, Weiß
Wackelaugen: 8/10 mm Ø

Auf dem Handtuch und der Schildmütze nimmt das Krokodil Platz. Gestaltung Krokodil siehe Seite 24, Sonne siehe Seite 46 (bei diesen Motiven finden Sie auch die Vorlage).

Sommer und Sonnenblumen gehören einfach zusammen
Material:
Moosgummi
1 mm: Gelb
2 mm: Braun, Grün

Die Blume entsteht aus zwei versetzt aufeinandergeklebten Blütenkränzen. In der Mitte wird eine gelochte Scheibe (Lochzange) plaziert. Die Blätter mit aufgezeichneten Blattadern werden knapp unter den Sonnenblumen angeordnet.

Sommer

STROHHÜTE

Siehe auch die Abbildung auf Seite 1

Sommerliche Hüte mit kunterbunten Blumen und Blüten selbstkreiert!

Hut mit Marienkäfer
Material:
Moosgummi 1 mm:
Rot, Schwarz (Marienkäfer)
und diverse Reste
Buntes Moosgummi-Band
(20 mm), ca. 56 cm
Stanzteile: Blätter
Wackelaugen: 5 mm Ø

Zuerst wird das Band aufgeklebt. Damit es sich gut anlegt, muß es nochmals geteilt werden. Die Nahtstelle zusätzlich mit einer Blüte verzieren. Die Flügelteile für die Marienkäfer werden mit der Lochzange gestanzt. Zur Gestaltung der Blumen siehe Seite 19.

Hut mit Schmetterlingen
Material:
2 mm: Gelb, Schwarz
(Schmetterling)
1 mm:
Weiß, Flieder, Lila, Rosa
Stanzteile: Blätter
Moosgummi-Kugeln:
20 mm Ø

Beim Schmetterling wird für di[e] Ausschnitte des gelben Flüge[l]paares in gleicher Größe ei[n] schwarzes Teil zugeschnitte[n] und untergeklebt. Halbiert[e] Moosgummi-Kugeln zieren hie[r] die Blütenmitte. Zuletzt wiede[r] mit Blatteilen dekorieren.

Großer Hut mit Blüten
Material:
Moosgummi 1 mm:
Blau, Rot, Grün, Gelb

Dieser Hut erhält zuerst ein 2 c[m] breites blaues Band. Auch hie[r] beim Zuschnitt halbieren, s[o] legt es sich besser an. Darau[f] werden dann die Blumen un[d] Blätter arrangiert (siehe Seit[e] 34). Auf der Rückseite ziert e[i]ne Schleife die Hutcreation. Si[e] entsteht aus einem Streifen vo[n] 5 x 30 cm, der zur Mitte hin vo[n] beiden Seiten zusammengeleg[t] wird. Mit einem Streifen vo[n] 1,5 x 4 cm wird dann die Schle[i]fe zusammengerafft und -ge[]klebt.

Sommer

Strohhüte

Sommer

GARTENPARTY

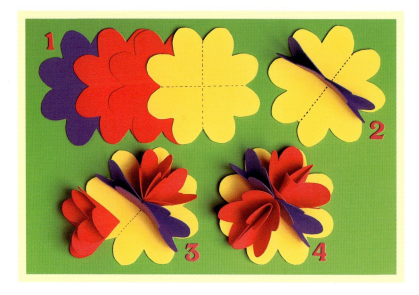

Dekoblume für Gartenparty
Schritt für Schritt

1. Die Blumenform wird insgesamt viermal zugeschnitten (z.B. 1x Gelb, 2 x Rot und 1x Lila)
Kennzeichnen Sie die Klebestellen.
2. Nun beginnt man mit dem Mittelteil (Lila).
Die Blumenform wird einmal gefaltet, in der Mitte etwas zusammengeklebt und dann auf der Mittellinie angeordnet.
3. An diesem Mittelteil wird nun das erste rote Teil, zweimal gefaltet, angebracht.
4. Jetzt folgt das zweite rote Blumenteil.

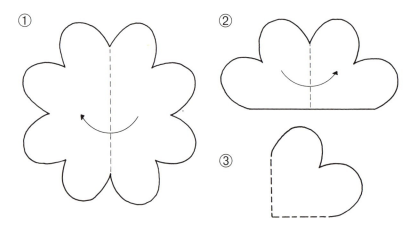

Sämtliche Blüten, ob groß oder klein, werden in dieser Technik gearbeitet. Bei den kleinen Blüten ist die Grundplatte etwas größer, die Blütenteile sind jedoch gleich groß.

Bunte Girlanden und ein originelle Tischdekorat on – hier merkt man s fort, daß sich der Gastgebe mit viel Mühe und großer Fre de auf sein Fest vorbereitet ha

Material:
Moosgummi 3 mm: Set
2 mm: Grundplatten
1 mm: für sämtliche
gefaltete Blütenblätter
Moosgummi-Buchstaben:
15 mm
Moosgummi-Walzen:
15 mm Ø (Trinkhalme)
Moosgummi-Kugeln:
25 mm Ø (Girlande)
Schnur für Girlande

Für den **Serviettenhalte** werden zwei halbierte Bl menformen (2 mm) in einem Al stand von 2,5 cm in der Mitt kantig festgeklebt. Daran wir auf jeder Seite eine gefaltet Blüte befestigt.
Das **Tischkärtchen** entste ebenfalls aus einer halbierte größeren und kleineren Bl menform (2 mm). Darauf we den dann die Buchstaben g klebt. Das fertige Schild wir nun auf der Grundplatte (2 mn mit einer kleinen Blüte befestig
Trinkhalmverzierung: A einer Moosgummi-Walze (1 mm Ø) wird eine kleine Blum befestigt. Das Loch der Walz muß etwas vergrößert werder Ebenfalls mit kleinen Blume werden Becher und Einladun verziert.
Girlande: Kleben Sie an de ganze Blumenteil je zwei ha bierte Teile (2 mm). Die Blume werden mit einer dünnen Schnu aufgefädelt, dazwischen je weils eine Moosgummi-Kuge

GARTENPARTY

Sommer

WINDRÄDCHENGIRLANDE

Sommer

Lauter bunte Windrädchen im Wechsel mit Moosgummi-Kugeln aufgefädelt. Da kommt Bewegung auf, wenn der Wind so richtig 'reinbläst.

*Material:
Moosgummi 1 mm:
beliebige Farben
Moosgummi-Kugeln:
25 mm Ø
Schnur*

Schneiden Sie für ein Windrädchen ein Quadrat von 16 x 16 cm zu. Nun die Ecken gemäß Zeichnung einschneiden und in der Mitte und an den Enden Löcher mit der Lochzange einstanzen. Diese Enden werden jeweils zur Mitte gebogen und übereinander eingeschlagen. Nun können sie zusammen mit den Moosgummi-Kugeln aufgefädelt werden.

Lustige Stabfiguren

Ein buntes Outfit für Balkon und Garten.

Diese Stabfiguren sind doppelt gearbeitet und zusammengeklebt. Im unteren Bereich sollte ein Freiraum für den Stab ausgespart werden.

Tukan

*Material:
Moosgummi
3 mm: Lila, Orange
2 mm: Gelb, Grün, Weiß
Wackelaugen: 20 mm Ø
Rundstab: 8 mm Ø
Größe: 21 cm*

Pelikan

*Material:
Moosgummi 3 mm:
Weiß (große Platte), Orange
Wackelaugen: 20 mm Ø
Rundstab: 8 mm Ø
Größe: 30 cm*

Kleben Sie für den Tukan un den Pelikan die jeweiligen Ei zelteile zusammen. Die Ö nung für den Stab nicht ve gessen! Die Füße werden je weils an einer Körperseite b festigt. Nun fehlen nur noch d Flügel, die gelben Augentei (Tukan) und die Wackelauger

Sonne

*Material:
Moosgummi
3 mm: Gelb (große Platte)
2 mm: Rot, Weiß (Rest)
Wackelaugen: 20 mm Ø
Rundstab: 8 mm Ø
Größe: 26 cm Ø*

Kleben Sie zwei Strahlenkrä ze versetzt aufeinander (Ö nung nicht vergessen). Dara wird dann die Scheibe m Wackelaugen und Bäckche geklebt. Restliches Gesicht a malen, und schon kann unser Sonne strahlen.

Stabfiguren

Sommer

37

Urlaubserinnerungen

Träume von Sonne, Sand und Meer... All diese Erinnerungen holen Sie sich mit dem ausgefallenen Fotorahmen und passendem Urlaubsfoto in Ihr Heim.
Die Urlaubsschätze sind in der „Fischdose" versteckt.

Schildkröten-Fotorahmen

Material:
Moosgummi 2 mm:
Grün, Gelb, Rot
Wackelaugen: 10 mm Ø
Overheadfolie
(feste Klarsichtfolie)
Größe: 29 cm

Körper und Kopf werden in einem Stück zugeschnitten. Darauf wird der gelbe Bauch mit dem entsprechenden Ausschnitt für das Foto und die Klarsichtfolie angepaßt.

Tip: Wenn Sie von dem Foto zuerst eine Fotokopie machen, können Sie exakt den Ausschnitt bestimmen und diesen als Schablone aufs Moosgummi auflegen.

Nun befestigen Sie den Schildkrötenpanzer mit aufgeklebten Flecken hinter Kopf und Körper. Hände und Beine anbringen. Das Mundteil wird ausgeschnitten und rot hinterlegt, darau(s) ragt dann ganz frech die Zur(n)ge. Mit Wackelaugen und res(t)lichen Zeichnungen ergänzen(,) Bilderaufhänger ankleben, un(d) schon ist die Schildkröte pla(t)ziert.

Bunte Fischdose

Es gibt im Fachhandel ein gr(o)ßes Angebot an Pappdose(n) bzw. -schachteln. Mir gefiel de(r) Fisch besonders gut.

Material:
Moosgummi
1 mm: Gelb, Grün
2 mm:
Lila, Rot, Rosa, Weiß (Reste)
Stanzteile: Schuppen
Wackelauge: 20 mm Ø
Fischdose: 27 x 15,5 x 8 cm

Schneiden Sie zuerst das Moo(s)gummi für die Dosenteile zu un(d) bekleben Sie diese.
Die Schuppen entstehen aus fe(r)tigen Stanzteilen. Sie könne(n) jedoch auch selbst zugeschni(t)ten werden. Sie werden schich(t)weise aufgeklebt. Am beste(n) arbeiten Sie von hinten nac(h) vorne. Die Schwanzflosse wir(d) mit einem gezackten Streife(n) verziert. Fischmaul, Augente(il) mit Wackelauge aufkleber(n) und schon können die Urlaub(s)schätze verstaut werden.

Urlaubserinnerungen

Sommer

HERBSTTAG

Herr: Es ist Zeit. Der Sommer war sehr groß.
Leg deinen Schatten auf die Sonnenuhren,
und auf den Fluren laß die Winde los.

Befiehl den letzten Früchten voll zu sein;
gib ihnen noch zwei südlichere Tage,
dränge sie zur Vollendung hin und jage
die letzte Süße in den schweren Wein.

Wer jetzt kein Haus hat, baut sich keines mehr.
Wer jetzt allein ist, wird es lange bleiben,
wird wachen, lesen, lange Briefe schreiben
und wird in den Alleen hin und her
unruhig wandern, wenn die Blätter treiben.

Rainer Maria Rilke

Fensterbild Herbst

Herbstzeit – Erntezeit, die Drachen fliegen, die Abende werden länger. Nicht nur die Igel legen sich ihren Wintervorrat zu.

Material:
Moosgummi 2 mm: Rot, Grün, Hell- und Dunkelbraun, Dunkelgrün, Gelb, Beige
Wackelaugen: 7 mm Ø
Größe: 19 cm

Auf der ausgeschnittenen Grundform wird zuerst die **Grasplatte,** darauf der **Baumstamm** mit der dahintergeklebten **Baumkrone** samt Äpfeln und Blättern angebracht. Kleben Sie die **Leiter** auf der Baumwurzel und hinter der Baumkrone fest. Nun fehlen nur noch die **Igelchen**. Schneiden Sie hierfür zuerst den Körper in Beige zu. Darauf kommt für das Stachelkleid eine gezackte Grundplatte. Für die „Stacheln" werden mit der Zackenschere feine Streifen geschnitten, die mit der glatten Seite kantig senkrecht aufgeklebt werden, so daß die Zackenlinie nach oben zeigt.

DIE BÄRENSTARKE DRACHENZEIT

Herbst

Der Wind kommt auf – der Drachen steigt hoch hinauf – das macht Freude!

Material:
Moosgummi 2 mm: Rot, Braun, Bunt, Weiß und Reste (Schwanz)
Wackelaugen: 10/15 mm Ø
Farben: COLORPOINT
Größe: 24 cm

Auf der ausgeschnittenen Drachenform werden ein kleines Grasteil, der Bär und der Drachen fixiert.

Der **Drachen** erhält aus einem feinen Streifen Moosgummi eine Schnur und einen Schwanz mit bunten Streifen. Augenteile mit Wackelaugen und Mund aufkleben.

Bär: Auf das Hosenteil kommen das Hemdchen, der Kopf, ein Arm darauf, der andere dahinter. Die Füße werden hinter die Hose geklebt. Nun fehlen nur noch die Wackelaugen und das Schnäuzchen. Verzierungen mit COLORPOINT auftupfen.

Die Schule geht los

Wer hat wohl die schönste Schultüte? Sicher wird es eine selbstgebastelte Tüte sein! Eine ideale Ergänzung dazu ist der passende Stundenplan mit den gleichen Motiven.
Diese Schultüte entsteht aus Tonkarton mit einer Kreppapierkrause. Zur Verstärkung, aber auch zur Dekoration, erhält sie eine Moosgummi-Spitze.

Und so entsteht die Schultüte:

Material für die Tüte:
Tonkarton: 50 x 70 cm, 300 g/m
Kreppapier: Lila, Gelb
Buntkordel oder Band
Moosgummi 2 mm:
Rot (Spitze)
Stanzteile: Punkte
Größe: 60 cm, 19 cm Ø

Material Clown:
Moosgummi
2 mm: Lila, Gelb, Orange, Rot, Schwarz, Weiß, Gestreift
1 mm: Weiß (Gesichtsteile)
Moosgummi-Kugel:
25 mm Ø, halbiert (Nase)
Stanzteile: Punkte, Blümchen
Farben: COLORPOINT, Filzstifte
Größe: 37 cm

1. Für die **Tüte** wird die Form laut Vorlagenbogen zugeschnitten. Damit der Karton sich leichter rollt, ziehen Sie diesen mehrmals über eine Tischkante und biegen die Tüte schon etwas in Form. Auf dem schraffierten Feld wird dann ein Streifen doppelseitiges Klebeband angebracht.

2. Nun wird die Schutzfolie des Klebebandes abgezogen. Der Karton wird zur Spitztüte gerollt und gleichmäßig auf die Klebefläche gedrückt. Die Spitze kann mit Hilfe eines spitzen Gegenstandes (Brieföffner, Bleistift, Stricknadel o.ä.) geformt werden.

3. Abschließend wird eine Moosgummi-Spitze in einer Kontrastfarbe aufgesetzt. Der Kantenabschluß wird zackig (Zackenschere) geschnitten. Passen Sie die Spitze vor dem Festkleben auf der Tüte zuerst an. Dann können Sie beide Teile Naht auf Naht verbinden.

4. Nun wird die Verschlußkrause hergestellt. Schneiden Sie dafür Kreppapier in der Größe von 120 x 40 cm und 120 x 35 cm zu. Bei der doppelten Manschette ist das innere Teil 40 cm und das äußere 35 cm breit.
Für den gezackten Abschluß legen Sie das zugeschnittene Kreppapier faltig zusammen und machen dann den gewünschten Schnitt mit der Zackenschere.

5. Auf den inneren Tütenrand wird nun abschnittsweise Klebstoff aufgetragen (UHU Stic, Klebepistole).
Das Kreppapier wird gekräuselt oder in kleine Falten gelegt und dann auf den Klebstoff gedrückt oder geschoben.

Für den **Clown** auf die Hose den Frack kleben. Darauf plazieren Sie die Schleife (siehe unten), die Arme und den Kopf. Hinter dem **Kopf** werden die Haare, davor der Hut fixiert Augen- und Mundteile, Wackelaugen, Nase (halbierte Moosgummi-Kugel) und Bäckchen aufkleben.
Die **Hände** werden hinter dem Ärmelteil befestigt.
Die **Schleife** entsteht aus einem Streifen von 20 x 3 cm, der zur Mitte von beiden Seiten eingeschlagen wird. Mit einem Streifen von 4 x 1,5 cm wird sie zusammengerafft.
Die **Schuhe** werden knapp hinter den Hosenbeinen plaziert.

Mit bunten Punkten in verschiedenen Größen werden Frack und Tütenspitze verziert. Nun folgen noch die farblichen Ergänzungen, und dann kann sich der Clown an der Schultüte festhalten.

Clown-Stundenplan
Zusätzliches Material:
Moosgummi 2 mm: Gelb, Rot
Klebepads
Stundenplan
Maße: gelbe Platte 27 x 20 cm, rote Platte 24 x 17,5 cm

Beide Platten so aufeinander kleben, daß es einen gleichmäßigen Rand gibt. Mit Klebepads wird der Stundenplan befestigt, dann ist er auswechselbar. Clownkopf, Hände und Schuhe wie oben beschrieben gestalten und auf dem Stundenplan plazieren.
Und nun viel Spaß beim Unterricht!

Herbst

Die Schule geht los

Herbst

DER KUNTERBUNTE SCHULTISCH

Herbst

Da macht Lernen doch gleich viel mehr Freude. Die Bleistiftaufsätze sind auswechselbar, denn alle Motive werden auf Moosgummi-Röllchen geklebt, die dann über den Bleistift gestülpt werden.
Für sämtliche Motive gibt es natürlich auch andere Anwendungsmöglichkeiten wie z.B. die Verzierung von Dosen und Kästchen, Geschenkverpackungen, Kartengrüße, Dekorationen für Kindergeburtstag, Haarspangen usw.

Material:
Moosgummi
2 mm: diverse Reste
1 mm: Lila (Dose)
Wackelaugen:
8/10/12 cm Ø
Moosgummi-Röllchen:
verschiedene Farben
Moosgummi-Band:
20 mm, gestreift
Dose, Lackschachtel, Spitzer

Ente: Das Motiv wiederholt sich auch auf der Dose für die Stifte. Auf dem Kopf werden Schnabel und Wackelaugen festgeklebt. Die Dose wird mit 1 mm starkem Moosgummi ummantelt. Die innere Kante habe ich mit einem gestreiften Moosgummi-Band (20 mm breit) verziert.

Sonne: Auf die Grundform wird noch eine Scheibe mit Wackelaugen geklebt.

Mäuschenkopf: Die Ohren mit aufgeklebten Innenohren werden kantig am Kopf fixiert. Schnäuzchen nicht vergessen.

Spitzer: Kopf mit Wackelaugen auf eine Moosgummi-Kugel (35 mm Ø) befestigen. Kleben Sie zwischen Mäuschen und Spitzer eine gezackte Moosgummi-Scheibe (4 cm Ø).

Bei der **pinkfarbenen Maus** werden Arme, Ohren, Wackelaugen und Schnäuzchen auf den Körper mit Kopf geklebt.

Auf dem **Bärenkopf** ein Schnauzenteil, Wackelaugen und noch eine Schleife (Stanzteil) befestigen.

Nun fehlt nur noch die **Lokomotive.** Auf der Grundform werden Fenster und Räder angeordnet.

DER KUNTERBUNTE SCHULTISCH

Herbst

Weitere Schreibtischutensilien

Herbst

Eine muntere Gesellschaft macht sich hier breit.

*Material:
Moosgummi
2 mm: diverse Reste
1 mm: Grün (Dose)
Stanzteile: Blumen, Brille, Hände, Schleife, Schriftzeichen, Gitarre, Trompete
Wackelaugen: 10 mm Ø
Walzen: 15/20 mm Ø
Moosgummi-Röllchen
Spitzer, Dose
Hohlschnur + Draht:
5 mm Ø (Arme)
Gestreiftes Moosgummi-
Band: 20 mm*

Musiker: Für den **Bleistift** wird eine Moosgummi-Kugel (20 mm Ø) auf eine Scheibe (35 mm Ø) geklebt. Die Haare entstehen aus einem feingeschnittenen Streifen (1 cm breit). Unter die Scheibe und auf das Moosgummi-Röllchen wird eine 5 cm lange Hohlschnur (5 mm Ø) für die Arme mit angeklebten Händen geklebt. Die Scheibe wird heruntergebogen und festgeklebt. Für den Hut wird eine Walze (15 mm Ø) auf einer Scheibe (25 mm Ø) befestigt. Nun wird dem Musiker noch das Instrument in die Hand gedrückt.

Beim **Spitzer** werden zwei bunte Walzenteile (15 mm Ø) aufeinandergeklebt, daran wird je ein Moosgummi-Röllchen für die Beine befestigt. Nun wird der Musiker samt Schuhen auf einem Spitzerteil mit Moosgummi-Platte plaziert.

Punker: Auf den Kopf werden drei eingeschnittene Streifen als Haare sowie die Brille geklebt. Als Verbindungsstück zwischen Kopf und Moosgummi-Röllchen dient ein buntes Walzenteil (15 mm Ø). Zum Schluß finden die Hände ihren Platz (Stanzteile).

Mr. Satchmo: Auf der schwarzen Moosgummi-Kugel werden Hut, Walze, Moosgummi-Scheibe und Wackelaugen sowie der Mund angeordnet. Zwischen Kopf und Moosgummi-Röllchen wird für die Arme eine 8 cm lange Hohlschnur (5 mm Ø + Draht) befestigt, daran werden kantig die Hände geklebt. Abschließend noch mit einer Schleife verzieren.

Der **Blumentopf** entsteht aus einzelnen fertigen Stanzteilen. Auf das bunte Walzenteil wird eine Blattrosette geklebt, darauf Blätter und Stiele, auf letzterem wurden die Blümchen kantig festgeklebt. Die Blumen werden teilweise etwas abgeknickt fixiert.

Der **Blumenspitzer** wird ähnlich gestaltet. Hier wird noch eine gezackte Platte zwischen Spitzer und Blumenstock geklebt.

Blumenjunge: Eine Moosgummi-Kugel zu 2/3 einschneiden und einen Stiel mit Blume in den Mund kleben. Der Hu[t] entsteht aus einer Moosgummi[-]Scheibe (35 mm Ø) und eine[r] Walze (20 mm Ø). Auch hie[r] wird ein Blümchen befestigt. E[i]ne weitere Walze (20 mm Ø[)] stellt die Verbindung zwische[n] Kopf und Moosgummi-Röl[l]chen her. Abschließend noc[h] mit einer Schleife verzieren.

Rochen: Das untere Teil wir[d] an beiden Längsseiten etwa[s] aufgerollt und unter das Ober[-] teil geklebt. Dieses erhält al[s] Verzierung Zackenstreifen un[d] Punkte. Wackelaugen nicht ve[r]gessen. Zur Befestigung de[s] Bleistifts wird am Bauch ein[e] Moosgummi-Walze (15 mm Ø[)] angebracht. Das Loch muß e[t]was vergrößert werden.

Fische: Das Oberteil wir[d] knapp über das untere Körpe[r]teil gewölbt befestigt und zwa[r] so, daß die Spitze hinten ge[-]schlossen wird, das Fischmau[l] jedoch aufsteht. Nun werde[n] noch Flossen, Wackelauge[n] und Punkte zur Verzierung au[f]geklebt. Am Bauch wird ei[n] Walzenteil für Bleistift oder Spi[t]zer (15/20 mm Ø) ange[-]bracht.

ABC-Bleistiftdose: Die Dos[e] wird mit Moosgummi (1 mm[)] ummantelt. Am oberen Ran[d] wird ein gestreiftes Moosgum[-]mi-Band (20 mm) befestig[t]. Nun finden die Buchstabe[n] ABC (20 mm breit) und die kur[n]terbunten Ziffern (15 mm) ihre[n] Platz.

Weitere Schreibtischutensilien

Herbst

DRACHENMOBILE

Herbst

Die Sonne schaut hinter den Wolken hervor und freut sich über das muntere Treiben der Drachen.

Material:
Moosgummi
3 mm: Gelb, Weiß, Grau
2 mm: verschiedene Farben (Drachen)
Moosgummi-Würfel als Abstandhalter
Wackelaugen: 20 mm Ø
Fäden für die Aufhängung
Bunte Pompons: 7 mm Ø
Farben: Pluster-Pen (+ Malmedium), Filzstifte

Nun werden sämtliche Einzelteile gestaltet:
Sonne: siehe Stabfiguren Seite 36.
Wolken: Die Ränder der ausgeschnittenen Wolken werden geplustert (vorher mit Malmedium grundieren! Siehe Seite 5)
Drachen: Zuschneiden und verschiedene Verzierungen anbringen. Die Schwänze mit Schleifchen, Punkten oder Pompons verzieren. Teilweise Wackelaugen aufkleben.

Montage: Zwischen Sonne und Wolken werden kleine Abstandhalter (Moosgummi-Würfel) geklebt. Die Drachen werden an einer feinen Schnur befestigt und finden entweder an den Abstandhaltern oder in einem kleinen gestanzten Loch ihren Halt. Dann fehlt nur noch der Wind!

BLÄTTER, BLÄTTER, BLÄTTER

Die Abende werden länger, vielleicht genießen Sie bei einem Gläschen Wein im Lampenschein behaglich den Feierabend.

*Material:
Moosgummi 2 mm: Grün, Rot, Gelb, Orange
Overheadfolie
(feste Klarsichtfolie)
Lampe*

Herbstbild
Zwischen zwei Moosgummi-Blätter wird ein schönes Herbstbild, vielleicht auch ein Bild von einer schönen Wanderung oder von einer Weinlese, geklebt (vgl. Seite 38).
Wenn Sie das Bild aufstellen möchten, kleben Sie ein spitzes Dreieck als Halter dahinter, ansonsten genügt ein Bilderaufhänger.
Größe: 24 x 30 cm

Lampe, mit Blättern verziert
Bekleben Sie einen Lampenschirm mit kunterbunten Blättern in verschiedenen Größen. Zwei Blätter dienen als Glasuntersetzer. Eine Unterlage für die Lampe entsteht aus dem größeren Schnitt vom Herbstbild.

Tip: Weitere Anwendungsmöglichkeiten für diese bunten Blätter wären zum Beispiel eine herbstliche Tischdeko mit Sets, Girlanden, Serviettenhalter, Einladungs- oder Menükarten, Tischkarten usw.

Herbst

SPIELDOSEN

Herbst

Guten Abend, gute Nacht... Das Einschlafen fällt hiermit sicher viel leichter.

Mond und Sterne
Material:
Moosgummi
1 mm: Dunkelblau
2 mm: Gelb
Wackelauge: 10 mm Ø
Holzkästchen:
14,5 x 9,5 x 6 cm
Spieluhr mit Zugband

Bär mit Kätzchen
Moosgummi
1 mm: Hellblau
2 mm: Braun, Weiß, Gelb, Grau und Rosa
Holzkästchen:
15 x 11 x 5,5 cm
Spieluhr mit Zugband

Schneiden Sie zuerst für die beiden Kästchen die passenden Teile zu, und kleben Sie sie auf. Für die Zugvorrichtung der Spieluhr wird auf der Rückseite ein Loch gebohrt.

Mond und Sterne anord‍nen und aufkleben.

Bei dem Kästchen mit **Bär und Kätzchen** werden zuerst die einzelnen Figuren fertiggestellt.

Auf dem **Bärenkörper** wird ein Bein, der Kopf und dahinter das andere Bein und die Arme befestigt. Schnäuzchen fixieren und die restlichen Zeichnungen vornehmen.

Beim **Kätzchen** werden beide Beine auf dem Körper angebracht, außerdem der Kopf und eine Schleife.

Das Schwänzchen wird dahinter befestigt. Die rosa Innenohren fixieren und das Gesichchen aufmalen. Abschließend werden die beiden dicht nebeneinander samt Sternen und Mond auf dem Kästchen fixiert.

Tip: Die Spieluhr hat einen besseren Klang, wenn Sie unter dem Kästchen kleine Füßchen (evtl. auch aus Moosgummi) anbringen.

SPIELDOSEN

Herbst

Winter

Der Winter ist ein rechter Mann,
kernfest und auf die Dauer;
sein Fleisch fühlt sich wie Eisen an
und scheut nicht süß noch sauer.

Aus Blumen und aus Vogelsang
weiß er sich nichts zu machen,
haßt warmen Trank und warmen Klang
und alle warmen Sachen.

Wenn Stein und Bein von Frost zerbricht
und Teich und Seen krachen;
das klingt ihm gut, das haßt er nicht,
dann will er tot sich lachen.

Sein Schloß von Eis liegt ganz hinaus
beim Nordpol an dem Strande,
doch hat er auch ein Sommerhaus
im lieben Schweizerlande.

Da ist er denn bald dort, bald hier,
gut Regiment zu führen,
und wenn er durchzieht, stehen wir
und sehn ihn an und frieren.

Matthias Claudius

FENSTERBILD WINTER

Der Winter nähert sich mit großen Schritten, Weihnachten ist schon in Sicht, und auch Silvester ist nicht mehr allzu weit!

Material:
Moosgummi 2 mm: Blau, Weiß, Schwarz, Rot, Grün, Gelb, Orange, Gemustert
Stanzteile:
Punkte, Herzchen
Wackelaugen: 5 mm Ø
Farben:
COLORPOINT, Filzstifte
Größe: 20 cm

Plazieren Sie auf der ausgeschnittenen Grundform zuerst den Tannenbaum und dann die muntere Schneemannfamilie. Die Körper bestehen jeweils aus einer Form, darauf werden die Arme, der Kopf mit Karottennase und Zylinder, Kopftuch und Schildmütze festgeklebt. Das Mützenschild wird kantig an dem Kappenteil befestigt, damit es absteht. Nun können Schal, Fliege, Herzchen und Punkte angebracht werden. Der Rabe, der alles überwacht, darf natürlich nicht vergessen werden. Kopf und Körper bestehen aus einem Teil, der Schnabel aus zwei Teilen, die aufeinander geklebt werden. Mit Wackelaugen und Füßen ergänzen. Es folgt noch die farbliche Gestaltung.

GESCHENKIDEEN

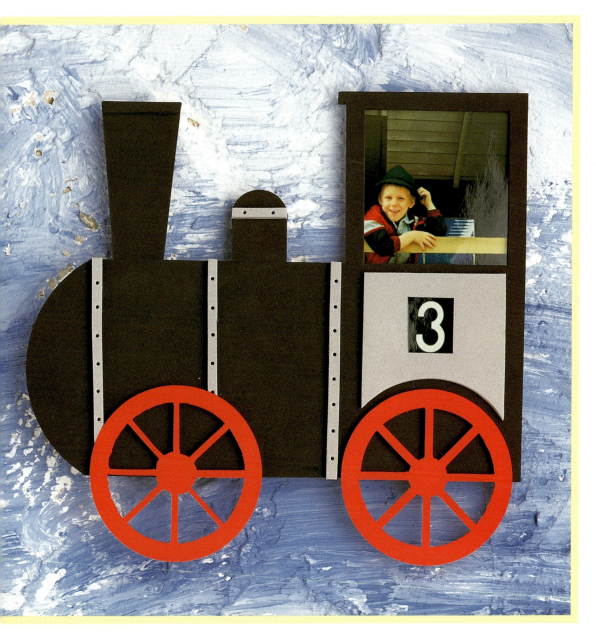

Eine originelle Geschenkidee: Fotos mal in einem anderen Rahmen.

Der kleine Lokomotivführer – ein Traum aller kleinen Jungen

Material:
Moosgummi
3 mm: Schwarz, Rot
2 mm: Grau
Overheadfolie
(feste Klarsichtfolie)

Auf die schwarze Grundform werden die grauen Teile, die roten Räder und ein schwarzer Streifen für den Kaminabschluß geklebt. Nun können Sie das Foto plazieren (siehe Seite 38).

Winter

Kleiner und grosser Nikolaus

Kleiner Niko auch mal ganz groß. Ein Motiv – zwei verschiedene Größen und Anwendungen.

*Material:
Moosgummi
3 mm: Rot, Schwarz
2 mm: Weiß, Rot (Herz), Braun, Orange
Moosgummi-Kugel:
20/25 mm Ø, Rot (halbiert)
Stanzteile: Sterne
Wackelaugen: 15 mm Ø
Farben: Pluster-Pen (+ Malmedium), COLORPOINT
Uhrwerk: 17 mm
Zeigerset: 3teilig, 37/51 mm
Größe der Uhr: 50 cm
Größe des Rahmens: 26 cm*

Nikolaus
Der große und der kleine Nikolaus sind in der Gestaltung fast gleich. Zuerst wird der große runde Körper zugeschnitten, darauf wird der Bart angeordnet, die Stiefel werden kantig angesetzt.
Auf die Kopfform werden Mütze, Wackelaugen, eine halbierte Moosgummi-Kugel für die Nase und der Schnauzbart geklebt. Darunter muß noch ein rotes Mundteil befestigt werden.

Nikolaus-Uhr
Das Zifferblatt besteht aus dem großen Herz. Hier noch Sterne aufkleben und das Uhrwerk montieren.

Und so wird das Uhrwerk montiert:
– In der Mitte des Zifferblatts wird ein Loch durchgestochen.
– Die Zeigerachse des Uhrwerks wird nun von hinten durch das Zifferblatt gedrückt und mit einer Gegenmutter befestigt. Vorher muß noch die Aufhängevorrichtung des Uhrwerks montiert werden.
– Zuerst den Stunden-, Minuten- und zuletzt den Sekundenzeiger exakt aufstecken.
– Am Einstellrad wird die Uhr gestellt (nicht mit den Fingern drehen!).
– Batterie (1,5 V Mignon) einsetzen.
– Verwenden Sie grundsätzlich Uhrwerk und Zeigerset vom gleichen Hersteller.

Nikolaus-Foto
Das Herz bekommt einen a das Foto abgestimmten Au schnitt (siehe Tip Seite 38).
Abschließend werden bei großen und kleinen Nikolau die Hände aufs Herz geleg Farbliche Ergänzungen mit Pl ster-Pen (vorher grundieren, si he Seite 5) und mit COLO POINT vornehmen.

Winter

KLEINER UND GROSSER NIKOLAUS

FESSELBALLON

Von hoch oben komm ich her, ich muß Euch sagen, es weihnachtet sehr...

Ein origineller Raumschmuck in der Weihnachtszeit.

Auch hier gibt es weitere Abwandlungsmöglichkeiten: Wenn Sie z.B. an den Korb des Fesselballons noch viele Goldfäden mit Päckchen hängen, könnte er ein Adventskalender sein. Wenn Sie in den Korb einen Osterhasen oder sonstige Figuren setzen und die Verzierung des Ballons anders gestalten, wird daraus ein Raumschmuck für verschiedene Jahreszeiten.

Material:
Moosgummi
2 mm: Grün, Gelb, Hellblau
(große Platte)
1 mm: Reste in Rot, Weiß, Rosa, Lila, Hautfarben, Hellblau, Gelb (Niko und Engelchen)
Moosgummi-Kugeln:
20 mm Ø
Hohlschnur + Draht: 5 mm Ø
Styroporkugel: 20 cm Ø
Wackelaugen: 5 mm Ø
Farben:
Plusterfarben (+ Malmedium)
Acrylfarbe,
Glitter-Liner
Zahnstocher
Goldband und -kordel

Fesselballon

Die Styroporkugel muß gut deckend mit blauer Acrylfarbe bemalt werden. Darauf wird das aus einem Kreissegment gestaltete untere Teil festgeklebt. Mit Goldband verzieren und 4 Goldkordeln anbringen, die dann im Korb befestigt werden. Der Ballon wird noch mit glitterumrandeten Sternen verziert. Ein Mittelstreifen, ca. 64 x 2 cm, dient als weitere Dekoration. Der Streifen legt sich besser an, wenn er halbiert wird. Nahtstellen mit Sternchen verzieren.

Der **Korb** entsteht aus fünf quadratischen Teilen (6 x 6 cm), die kantig zusammengefügt werden (Seitenteile und Boden). Verzierungen mit Goldband vornehmen. An den Kanten werden vier 14 cm lange Hohlschnüre festgeklebt und mit Drähten stabilisiert. Zwei Hohlschnüre erhalten ca. 4,5 cm längere Drähte, die jeweils in der diagonal gegenüberliegenden Hohlschnur etwas zusammengezogen verankert werden. In die Enden der Hohlschnüre wird das freie Ende der Goldkordel geklebt. Somit sind nun Korb und Ballon verbunden.

Und so entstehen die Engel:

Für den Körper kleben Sie das ausgeschnittene Kreissegment zu einem Kegel. Darauf wird das Oberteil befestigt. D[er] Rand wird mit einer Zacke[n]schere ausgeschnitten. Mit e[i]nem Stück Zahnstocher wir[d] der Kopf befestigt. Die Haa[re] entstehen aus einer gezackte[n] Platte (1 mm), die hinten z[u]sammengeklebt wird. Wer[den] Sie die Form etwas spitz g[e]stalten, können oben noch Ei[n]schnitte für hochstehende Ha[a]re gemacht werden. An die hi[n]tere Körpernaht wird für die A[r]me ein Hohlschnurteil mit Dra[ht] (7 cm) befestigt. Händchen ka[nt]tig ankleben.

Flügel plazieren, Gesichtche[n] aufmalen und mit Glitter-Lin[er] Verzierungen vornehmen.

Und so entsteht der Nikolaus:

Der Körper entsteht wieder a[us] einem zusammengeklebten Kre[is]segment. Der Kopf wird mit e[i]nem Zahnstocher befestigt. D[ie] Mütze ebenfalls als Kegel z[u]sammenkleben und etwas a[b]knicken. Kleinen Pompon a[n]bringen und Bart plazieren. F[ür] die Arme wird ebenfalls ei[ne] Hohlschnur mit Draht (Länge [...]cm) an der Naht fixiert. Han[d]schuhe und Wackelaugen a[n]bringen. Bart, Mütze und Ma[n]telsaum werden abschließe[nd] geplustert (vorher grundiere[n], siehe Seite 5).

Nikolaus und Engelchen st[ei]gen ein, dann kann die Fah[rt] beginnen.

FESSELBALLON

ADVENTSBAUM

Eine bärige Vorweihnachtszeit

Ein aufstellbarer Adventskalender im Tannenbaumformat, reichlich geschmückt.
Ein Adventskalender für „alle Jahre wieder". Die Bären bleiben am Baum, nur die Päckchen müssen im nächsten Jahr erneuert werden.

Material:
Moosgummi
4 mm: Braun (große Platte)
3 mm: Grün (große Platte)
2 mm:
Gelb und sonstige Reste
Stanzteile:
Bären, Ziffern, Würfel
Wackelaugen: 5/7 mm Ø
Glitter-Liner
Paillettenglimmer

Tip: Wenn Sie den Baum etwas stabiler gestalten möchten, können Sie die Baumteile auch doppelt zuschneiden und zusammenkleben, da es die großen Moosgummi-Platten nur in der Stärke von 3 mm gibt.

Und so entsteht der Tannenbaum:

– Die Grundform des Tannenbaumes wird viermal zugeschnitten und mit Glitter umrandet.
– Kleben Sie zwei Teile Kante an Kante gegeneinander, die restlichen zwei Teile werden dann kantig auf der Naht angeordnet.
– Die ausgeschnittene Bodenplatte wird dick mit Paillettenglimmer bestrichen und mit Glitter umrandet. Der Baum wird in der noch feuchten Paste fixiert.

Durch den Klebstoffanteil ha[ftet] er ohne zusätzliches Fes[t]kleben.
– Nun werden die Bären, d[ie] auch als Fertigteile erhältlic[h] sind, mit Mützen, Auge[n,] Schnäuzchen, Schal und Zi[f]fern ergänzt.
– Fertigen Sie nun Sterne in ve[r]schiedenen Größen an, un[d] umranden Sie diese mit Glitte[r.]
– Jetzt sind die Päckchen an de[r] Reihe.
– Wenn alle Teile vorbereite[t] sind, kann der Adventsbau[m] geschmückt werden.
Die Bären werden mit eine[m] oder zwei kleinen Abstandh[al]tern (Moosgummi-Würfel) a[n] den Baum geklebt. Dort kan[n] dann das jeweilige Päckche[n] festgeknüpft werden.

ADVENTSBAUM

Winter

Weihnachtliche Fensterbilder

Winter

Ein stimmungsvoller weihnachtlicher Fenster- oder Wandschmuck.

Material:
Moosgummi 2 mm:
Niko: Grün, Rot, Schwarz, Hautfarben
Engelchen: Weiß, Blau, Gelb, Hautfarben
Bär: Gelb, Braun, Rot
Farben: Glitter-Liner, Pluster-Pen
Wackelaugen: 7mm Ø
Goldkordel

Zuerst werden die Rahmen für die Figuren zugeschnitten (Tannenbaum, Mond und Wolke). Umranden Sie die Konturen mit Glitter-Liner.
Beim **Nikolaus** auf die Hose die Jacke mit Gürtel sowie Kopf und Bart, Mütze und Wackelaugen kleben. Die Beine werden ein Stückchen eingeschnitten, so daß er sich gemütlich auf dem Tannenbaum niederlassen kann. Farbliche Ergänzungen mit Pluster-Pen (vorher grundieren) und Glitter-Liner vornehmen.
Für das **Engelchen** werden die Beinchen und die Flügel kantig an das Hemdchen geklebt. Darauf folgen der Arm und der Kopf mit Haarschopf. Mit Wackelauge und Trompete ergänzen und Verzierungen mit Glitter-Liner vornehmen.
Beim **Weihnachtsbär** wird das Jäckchen auf dem Beinteil angeordnet, darauf folgen der Arm, der Kopf mit Mütze, Wackelauge und Schnäuzchen. Zum Schluß mit Plusterfarbe verzieren.

WEIHNACHTLICHE FENSTERBILDER

Winter

65

WEIHNACHTSSTERNE

Eine Blüte – jedoch mit vielerlei Gestaltungsmöglichkeiten! Mal größer – mal kleiner – aber immer sehr wirkungsvoll.

Material:
Moosgummi
2 mm: Rot, Grün, Gelb
1 mm: Blau (Dose)
Moosgummi-Buchstaben:
15 mm
Achteckige Pappschachtel:
17,5 x 17,5 cm

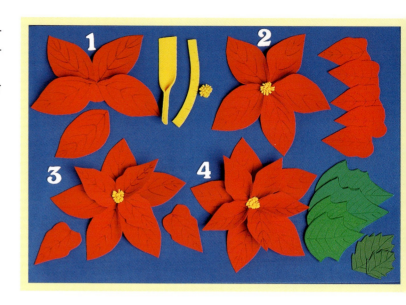

Schritt-für-Schritt-Folge:
1. Sämtliche Einzelteile für den Stern (Außen- und Innenblätter) zuschneiden und die Blattadern einzeichnen.
2. Auf eine runde Grundplatte (4 cm) werden zuerst die fünf äußeren Blätter dicht aneinander geklebt. Aus einem ca. 3 cm breiten, zusammengeklebten und eingeschnittenen Streifen (siehe Seite 19) entsteht das Blüteninnere, das kantig in der Mitte aufgesetzt wird.
3. Nun folgen die Innenblätter. Damit diese gebogen plastisch hervortreten, werden die aneinandergrenzenden Blätter am unteren Ende etwas zusammengeklebt und dann auf der Kante der unteren Blätter und am Blüteninneren fixiert.
4. Zum Schluß folgen dann die grünen Blätter. Auch hier wieder Zeichnungen für die Blattadern vornehmen.
Die Blätter sind auf dem Vorlagenbogen numeriert, und zwar die Blütenblätter von 1 bis 6, die grünen Blätter von 8 bis 9.

Weihnachtsdose
Schneiden Sie erst sämtliche Einzelteile zurecht, und bekleben Sie die Dose mit dünnem Moosgummi. Nun wird der große Stern (5, 6) mit vier großen Blättern (9) angeordnet.

Weihnachtskerze
Zuerst wird die Grundplatte (15 cm Ø) zugeschnitten. Dann zeichnen Sie in der Mitte den Umriß Ihrer Kerze auf und machen aus einem 4 cm breiten Streifen eine Halterung. Der Abschluß wird überlappend zusammengeklebt.
Nun werden drei Sterne (3, 4) gestaltet und mit drei Blättern (8) angeordnet.

Vorsicht: Moosgummi brennt leicht, deshalb die Kerzen nicht ganz abbrennen lassen.

Für den **Serviettenring** wird ein Streifen von 4 x 12 cm knapp überlappend zusammengeklebt. Auf der Klebenaht findet der Stern (3, 4) seinen Platz.

Ein kleiner Stern (1, 2) zusammen mit zwei Blättern (7/8) ziert ein **Tischkärtchen** aus Wellpappe (13 x 10 cm, ungefaltet).

Ebenfalls mit einem kleiner Stern (1, 2) und Blättern (7) wird die **Grußkarte** aus Wellpappe (14,5 x 20 cm, ungefaltet) dekorativ gestaltet. Abschließend noch Moosgummi-Buchstaben und Sternchen aufkleben.

Tip: Wenn Sie den Falz bei Karten aus Wellpappe leicht einritzen, läßt sich die Karte besser falten.

Weitere Blüten und Blätter können für Verzierung von Tischsets, als Tischdekoration oder für eine Geschenkverpackung verwendet werden. Auch eine Tannengirlande nur mit Weihnachtssternen in verschiedenen Größen sieht bestimmt sehr festlich aus!

WEIHNACHTSSTERNE

Fröhliches Weihnachtssingen

Oh du fröhliche, oh du selige…

Bär und Mäuschen vereint unter dem Tannenbaum beim Weihnachtsliedersingen.

Material:
Moosgummi 2 mm:
Grün (große Platte), Braun,
Hell- und Dunkelgrau, Rot,
Weiß und Schwarz
Stanzteile: Sterne
Wackelaugen: 12 mm Ø
Farben: Pluster-Pen,
Glitter-Liner
Größe: 37 cm

Fertigen Sie zuerst den Baum, dann die einzelnen Figuren an.

Bär: Auf den Bärenkörper werden je ein Arm und Bein sowie der Schal und der Kopf geklebt. Das andere Bein und der Arm werden dahinter fixiert. Auf dem Kopf werden Mütze, Augenteil mit Wackelaugen sowie das ausgeschnittene Schnauzenteil mit hinterlegtem roten Moosgummi für den Mund angeordnet.

Beim **Mäuschen** ebenfalls ein Bein und einen Arm sowie Schal und Kopf auf dem Körper anbringen, dahinter das andere Bein. Der zweite Arm ist nicht sichtbar. Die Mütze wird hinter dem Ohr, aber auch auf dem Kopf befestigt. Auch hier ist der Mund ausgeschnitten und rot hinterlegt.

Nehmen Sie nun bei beiden Figuren nach vorheriger Grundierung den Plusterauftrag vor (siehe Seite 5).

Abschließend werden noch Ergänzungen mit einem Filzstift vorgenommen.

Jetzt stellen Sie die beiden Sänger vor den Weihnachtsbaum. Damit die beiden auch richtig singen, benötigen sie noch ein Notenblättchen. Es wird gebogen zwischen den Pfoten befestigt.

Der Baum wird noch mit Sternen und Glitter geschmückt. Ich habe für die Sterne Stanzteile verwendet, sie können jedoch auch selbst zugeschnitten werden.

Jetzt wird das Liedchen angestimmt!

FRÖHLICHES WEIHNACHTSSINGEN

SILVESTERPARTY

Das Jahr nähert sich seinem Ende – ein Grund zum Feiern!

Material:
Moosgummi 2 mm:
Grün, Weiß, Rot
Moosgummi-Kugeln:
20/30 mm Ø
Walzenteile: 15 mm Ø
(Trinkhalme)
Moosgummi-Buchstaben:
15/20 mm
Wackelaugen: 8 mm Ø

Die **Marienkäferchen** entstehen aus halbierten Moosgummi-Kugeln, die mit Filzstift verziert werden.

Für die **Pilze** wird zuerst eine weiße Grundplatte ausgeschnitten, darauf kommt dann das mit der Lochzange ausgestanzte Pilzdach. Beim Pilz für die Girlande werden die Löcher mit einem Kreisschneider ausgeschnitten.

Die **Kleeblätter** werden mit einem grünen Filzstift umrandet. Für die Girlande an ein ganzes Blatt zwei halbe Blätter (ohne Stiel) kantig gegenkleben. So wirken sie plastischer und dekorativer.

Beim **Schweinchen** wird nur das Ringelschwänzchen angesetzt.

Die **Einladungs- und Tischkarten** sind mit Wellpappe gestaltet. Auf die Tischkarten werden als Basis teilweise Grasstreifen aufgeklebt. Größe Tischkärtchen: 17,5 x 10 cm, Einladung: 20 x 15 cm (Maßangaben für ungefaltete Karten).

Zum Falten siehe Tip Seite 66.

Tip: Schneiden Sie Aussparungen für die Serviettenhalter mit dem Kreisschneider aus.

Für die **Girlande** werden die zusammengeklebten Kleeblätter, ein Schweinchen, ein Pilz, wieder ein Kleeblatt usw. usw. auf eine dünne Schnur aufgereiht. Die Zwischenräume werden mit bunten Moosgummi-Kugeln geschmückt.

Hinweis: Da Moosgummi wie Papier und Stoff leicht brennt – Vorsicht mit Kerzenlicht!

Glücksbringer
(Abb. S. 72)

Glücksbringer als Mitbringsel zur Silvesterparty oder auch als Tischschmuck.

Material:
Moosgummi
4 mm: Pink (Schnäuzchen)
2 mm: Dunkel- und Hellgrün,
Pink, Schwarz, Gelb,
Hautfarben, Schwarz, Pink
Moosgummi-Kugeln:
35/40 mm Ø (Schweinchen)
20/25 mm Ø (Kaminfeger)
25/40 mm Ø +
20/25 mm Ø (Pilze)
40 mm Ø +
25 mm Ø (Marienkäfer)
Walzenteile: 15 mm Ø
Wackelaugen: 8/10 mm Ø
Hohlschnur: 5 mm Ø, Pink
(Schweinchen)
Farben:
COLORPOINT, Filzstift
Steckdraht 1,2 mm

Schweinchen: Auf die Moosgummi-Kugel werden Ohren, Wackelaugen, Schwänzchen und Schnäuzchen aufgeklebt. Letzteres entsteht aus einer kleinen Scheibe Moosgummi (4 mm). Sie können auch zwei Scheiben aus 2 mm starkem Moosgummi aufeinanderkleben.

Das stehende Schweinchen erhält zusätzlich noch vier Beine aus Hohlschnurresten.

Zylinder: Kleben Sie einen rechteckigen Streifen (Größe 27 x 7 cm) kantig zu einer Rolle zusammen. Zuerst wird das Bodenteil mit 8 cm Ø eingeklebt, dann folgt für den oberen Abschluß eine Platte von 16 cm Ø. Ohne Ausschnitt können die Schweinchen mit den Kleeblättern besser plaziert werden. Sie ordnen insgesamt fünf mittlere und zwei größere Kleeblätter, ein großes und drei kleine Schweinchen an.

Kaminfeger: Auf das Fußteil eine schwarze und eine hautfarbene Kugel kleben. Der Zylinder besteht aus einer Scheibe und zwei Walzenteilen. Haare und Gesicht aufmalen, Händchen und Leiter bzw. Herz festkleben. Und nun kann unser Kaminfeger sich auf dem Kleeblatt niederlassen.

Die **Pilze** entstehen aus einer ganzen und einer halbierten Moosgummi-Kugel, die noch weiße Tupfen erhält (COLORPOINT).

Der **große Marienkäfer** wird aus einem schwarzen Fuß- und Kopfteil und einer halbierten Moosgummi-Kugel als Körper gestaltet. Schwarze Punkte aufkleben.

Für den **kleinen Marienkäfer** benötigen Sie nur eine halbierte Moosgummi-Kugel, die noch mit schwarzem Filzstift bemalt wird. Teile zum Stecken werden angedrahtet.

Und nun kann gefeiert werden!
Prosit Neujahr!

SILVESTERPARTY

Winter

GLÜCKSBRINGER

Winter